Dieses Buch gehört:

2 2 2

333

555

6
666

10 10 10

11 11 11

12
12 12 12

13 13 13

14 14 14

16 16 16

17 17 17

18 18 18

19 19 19

20 20 20

21

21 21 21

22 22 22

23 23 23

24 24 24

25
25 25 25

26 26 26

33

5 5 5

6 6 6

7 7 7

10 10 10

12
12 12 12

13 13 13

14 14 14

15 15 15

16 16 16

17 17 17

18 18 18

19 19 19

20 20 20

22 22 22

23 23 23

24 24 24

25 25 25

26 26 26

Impressum:
Alexander Nguyen
baoalexandernguyen@gmail.com
72760 Reutlingen
Kruppstraße 41